SOCIÉTÉ DES ANTIQUAIRES DE PICARDIE

# RAPPORT

Présenté par M. DUHAMEL-DÉCÉJEAN,

SUR L'OUVRAGE INTITULÉ :

## HISTOIRE D'UN VIEUX CHATEAU DE FRANCE

Monographie du Château de Montataire,

PAR LE BARON DE CONDÉ.

AMIENS,
Imprimerie A. Douillet et Cie, rue du Logis-du-Roi, 13

1884

(Extrait du Bulletin de la Société des Antiquaires de Picardie
Année 1884. — N° 3.

# RAPPORT

### Présenté par M. DUHAMEL-DÉCÉJEAN

Sur l'ouvrage intitulé: *Histoire d'un vieux château de France*, Monographie du château de Montataire, *par le baron de Condé.*

Séance du 13 Mai 1884.

Messieurs,

Dans la préface d'un des volumes déposés sur le bureau à la fin de l'année 1883, se trouvent les lignes suivantes adressées par l'auteur, avec une bonhomie qui n'est pas exempte de malice, au public bénévole :

« Cet ouvrage convient plus particulièrement, et sans préten-
« tion aucune, à ceux que n'effarouche pas la lecture toujours
« un peu aride d'une monographie; à ceux qui, dans un petit
« coin de terre de notre vieille France, sauront retrouver le pays
« tout entier ; qui, dans l'histoire d'un seul château, se plai-
« ront à lire celle des milliers d'antiques résidences à l'abri des-
« quelles s'est écoulée l'existence de tant de générations ; enfin
« aux personnes intrépides qui ne reculent pas devant une cita-
« tion latine, et à celles, admettons ceci comme le *nec plus ultrà*
« de la bravoure, que ne met pas en fuite un fragment de généa-
« logie. » (1)

Il faut reconnaître, Messieurs, que cette intrépidité et cette

(1) **Page II.**

bravoure ne sont pas rares dans notre Compagnie ; car, depuis six mois, le livre dont il est question n'a cessé d'être demandé et d'être attendu par les lecteurs impatients. Cet empressement, qui vaut à lui seul tout un éloge, a été la cause d'un peu de retard dans la rédaction du compte-rendu que je viens aujourd'hui vous présenter.

Tous, Messieurs, vous avez remarqué, en allant d'Amiens à Paris, un vieux château féodal qui se dresse auprès de Creil dans un des plus merveilleux paysages de nos contrées. Il s'élève au sommet d'une colline, située à la jonction de deux vallées, dans une situation admirablement choisie ; et ses tours rondes, fières et pittoresques, attirent le regard du voyageur.

« Derrière le vieux manoir et, tout auprès, comme lui appartenant, se détache la silhouette d'une église imposante (1) que plusieurs siècles ont marquée de leur empreinte.

Au pied du coteau, les gaies maisons d'un gros bourg, sont venues se ranger autour de l'antique castel, pour lui faire escorte et lui demander au besoin aide et protection

Enfin plus bas, tout près de la ligne ferrée, une usine immense, établie au fond du vallon, déroule les panaches fumeux de ses hautes cheminées, et étale le vivant assemblage de ses bâtiments irréguliers et noircis.

Vous avez nommé déjà le village de Montataire et son château, dont le propriétaire actuel, M. le baron de Condé, membre non résident de la Société des Antiquaires de Picardie, vient de publier l'histoire en un volume écrit avec beaucoup de science historique et dans un style plein de verve et d'esprit. La préface raconte comment l'auteur se trouva un jour propriétaire du vieux manoir, entrevu par lui lors de l'inauguration du chemin de fer du Nord ; et elle nous apprend que, par un bonheur inespéré,

(1) Page 3.

les archives de cette antique résidence, endormies depuis des siècles sur les rayons poudreux de ses vieilles armoires, avaient échappé aux autodafés de 93. Elles étaient restées intactes, et leurs riches matériaux s'offraient vierges encore à l'historien ; de là l'idée première du livre qui vient d'être offert au public.

Nous y suivons l'histoire de Montataire depuis les temps les plus reculés jusqu'à ces dernières années.

Comme il fallait le présumer par le seul aspect du terrain, par la situation topographique exceptionnelle qui isole le plateau, Montataire fut dans le principe un refuge gaulois. (1) Les Romains ne manquèrent pas de l'occuper ; les Francs firent de même, et y établirent un domaine réservé pour les rois de la première race. Puis vint le donjon féodal, qu'à travers plusieurs transformations nous retrouvons encore debout aujourd'hui.

Si l'individu peut à juste titre, Messieurs, s'enorgueillir de l'antique origine de sa race et de la noblesse de ses aïeux, il existe aussi, à mon avis, une noblesse du sol et une prédestination de la terre qui méritent l'hommage respectueux des générations. Ce n'est jamais sans un sentiment profond, sans une émotion pénétrante que l'on considère ces collines fortifiées où pendant 20 et 30 siècles, s'est développé l'exercice non interrompu des vertus militaires et civiques, du courage et du patriotisme.

---

L'histoire de Montataire touche à bien des points de la science archéologique ; elle effleure toute sorte de questions, les unes incontestées, les autres soumises encore à la controverse. Chaque peuple a marqué son empreinte dans le sol : les préhistoriques y ont

(1) Page 14.

laissé leurs outils de silex ; les Romains, leurs médailles, leurs sépultures et leurs vases de terre ; les Francs, leurs armes signalétiques, leurs poteries et leurs boucles de bronze.

« N'oublions pas (1), dit l'auteur, que le château-fort, la *villa*
« mérovingienne, le *castrum* romain, l'*oppidum* gaulois ne sont
« que les installations successives des différentes races, presque
« toujours au même lieu, les bonnes positions étant de toutes
« les époques. »

« L'histoire d'un vieux château peut donc être considérée
« comme une des chaînes non interrompues qui relient nos an-
« tiques origines à l'*ère moderne*. »

Il est impossible dans une monographie de traiter à fond toutes les questions auxquelles on touche nécessairement ; on ne peut et on ne doit les indiquer que par une phrase, par un mot. Le sujet principal ressort toujours au premier plan du tableau, et il importe de maintenir son encadrement obligé dans une réserve calculée et discrète qui exige de l'écrivain beaucoup de tact et beaucoup de mesure. Par conséquent il est d'autant plus difficile de trouver sur chaque question secondaire le mot juste et précis qu'il faut en concentrer et en restreindre l'expression, s'abstenir de tout développement, de toute explication qui ressembleraient à un hors-d'œuvre.

M. le baron de Condé a savamment traversé dans son récit les parages pleins d'écueils que je viens de signaler.

Il a su trouver sur chaque question d'histoire ou d'archéologie générale le mot exact qui la résume ; sa narration est complète sans être diffuse, savante sans être pédagogique, ornée sans être chargée. Et si les points encore obscurs ne sont pas élucidés à fond par son travail — ce qui n'était pas ici le but à pour-

(1) Page 157.

suivre — la vérité n'a qu'à gagner aux judicieux et alertes coups de plume qu'il distribue de droite et de gauche le long de sa route.

J'admire surtout et je loue les pointes vigoureuses sur bien des erreurs auxquelles l'inattention des historiens a laissé prendre pied dans nos annales, et qui s'y sont établies si solidement qu'elles revêtent parfois les allures d'un fait acquis à la vérité.

J'en donne comme exemples les paragraphes relatifs aux sépultures romaines et aux systèmes d'incinération ou d'inhumation, souvent si mal expliqués par les auteurs de nos jours ; (1) à la question du *Bratuspantium*, encore en litige, au cours de laquelle je relève cette assertion d'une évidence si palpable, si élémentaire, et cependant si méconnue :

« *A cette époque* (époque des Commentaires de César) *toutes ces grandes et belles routes tracées par les Romains n'existaient pas. Il n'y avait que les chemins gaulois.* » (2)

Je citerai encore l'occupation successive des Gaulois, des Romains et des Francs, sur les mêmes points fortifiés ; (3) l'origine de la forme ogivale dans nos monuments ; (4) l'étude des causes de la Jacquerie que la partialité des historiens a trop souvent déguisées ; les excès odieux, les horreurs commises par ces bandes de brigands et qu'on se refuserait à croire, si l'on ne savait de quoi sont capables les masses populaires déchaînées. Les chroniques de Froissart rapportent là-dessus des détails qui dépassent tout ce qu'on peut imaginer d'atroce.

N'est-ce pas aussi une chose utile à redire que l'histoire du fameux Germain Réveillon de Sacy-le-Grand ? Les Jacques, privés

(1) P. 25.
(2) P. 48.
(3) P. 157.
(4) P. 110.

de leur chef, lui avaient imposé le commandement, le menaçant de lui couper la tête s'il refusait de les conduire. Il se résigna, et marcha avec eux contre Mello, en soupirant sans doute, comme il est arrivé plus d'une fois depuis, en temps de troubles, aux chefs improvisés par les révolutions : *Il fallait bien leur obéir, puisqu'ils m'avaient fait leur chef.*

———

Dans l'intéressante chronologie des seigneurs qui occupèrent tour à tour le château de Montataire : les Clermont, les La Tournelle, les Hardencourt, les d'Erquinvillers, les Madaillan, on rencontre à chaque page de ces traits heureux qui font ressortir la vérité historique.

J'indiquerai seulement la biographie du fameux Odet de Chatillon qui, évêque, archevêque et cardinal, ne fut jamais prêtre. (2)

A coup sûr sa rupture avec Rome et l'impulsion qu'il donna à la Réforme ont été déplorables, mais son mariage ne saurait lui être reproché, pas plus qu'on n'a reproché à Ferdinand I$^{er}$ de Médicis, fait cardinal à 16 ans, son union en 1589 avec Christine de Lorraine ; de même qu'on n'a point reproché au vertueux archiduc Albert d'Autriche qui épousa en 1598 sa cousine, l'infante Isabelle et gouverna avec elle les Pays Bas, d'avoir commencé par être cardinal et archevêque de Tolède. Ni les uns, ni les autres n'étaient engagés dans les ordres sacrés.

J'appelle aussi votre attention, Messieurs, sur un fait qui touche à l'histoire d'Amiens, sous le règne de Henri IV.

Voltaire, dans la Henriade, a donné comme historique que le fameux billet d'Henri IV à Crillon : Pends-toi, brave Crillon, etc.

(1) P. 225.
(2) P. 275.

fut écrit après le combat d'Arques. Il n'en est rien. Et ce fut seulement sept années plus tard, le 20 septembre 1597, que le roi de France écrivit, après l'affaire décisive qui entraîna la capitulation d'Amiens, la lettre suivante, conservée en original autographe dans les archives du château de Crillon :

« Brave Crillon, pendés-vous de n'avoir esté icy près de moy
« lundy dernier, à la plus belle occasion qui se soit jamais veue,
« et qui peut-estre se verra jamais. Croyés que je vous ay bien
« désiré... etc...
« Ce XX septembre (1597) au camp devant Amiens ». (1).

Un autre détail, relatif à Henri IV qui fut souvent l'hôte du château de Montataire, achève de replacer sous son jour la légende, presque consacrée, du panache blanc de la bataille d'Ivry.

On sait déjà que le panache du roi, actuellement conservé au château de Froshdorf, n'a jamais été blanc, mais au contraire, composé de plumes noires.

Voici, pour l'explication de la légende et le rétablissement de la vérité, le récit exact de ce qui se passa :

« A la bataille d'Ivry, le maistre des cérémonies de France, Henri Pot, sieur de Rhodes, portait la cornette du roi, qui était effectivement et sans conteste de couleur blanche.

Ce seigneur ayant été tué au fort de la meslée ; on en avertit Henri IV qui répondit gaillardement que *son panache servirait aux siens de cornette* » (2).

Il ne dit point que son panache était blanc, il ne pouvait pas le dire puisque ce panache était noir ; mais il indiqua seulement que cet insigne remplacerait pour les siens la cornette blanche du maître des cérémonies.

(1) Page 314.
(2) Page 296.

« C'est assurément — dit M. le baron de Condé (1) —moins so-
« lennel que le petit discours arrangé par quelques historiens, et
« soi-disant prononcé avant l'action devant le front des troupes,
« comme si un vrai général s'amusait à faire des harangues à son
« armée rangée en bataille et comme si, matériellement même,
« celle-ci pouvait l'entendre.

« L'école historique du siècle dernier se préoccupait plus de la
« mise en scène et de l'effet littéraire que de la réalité. Pour
« nous, en histoire, la vérité vraie nous semble préférable. Le
« mot d'Henri IV tel qu'il a été prononcé est tout-à-fait dans la
« situation. C'est celui d'un homme sûr de lui. Il est sans pré-
« tention, mais très caractéristique et très chevaleresque. Ici
« comme toujours, plus c'est simple, plus c'est beau. »

Je ne m'arrêterai plus, Messieurs, aux épisodes du même genre, tels que la légende du grand Condé jetant son bâton de commandement dans les lignes de Fribourg, ce qui est une histoire aussi théâtrale que peu exacte ; je vous invite à lire, si vous ne l'avez déjà lue, la biographie fort bien faite et très attachante de Condé ; les anecdotes sur M<sup>me</sup> de Sévigné, sur Marianne Pajot, sur le marquis de Lassay. Bien loin de le mettre en fuite, ces pages attirent et captivent le lecteur.

Mais j'ai hâte de faire ressortir un trait qui m'a paru bien marqué dans le livre de M. de Condé et qui répond trop bien à la haute idée qu'on doit se faire de l'histoire pour que je le passe sous silence.

Si l'histoire, en effet, est pour tous une école intelligente de morale et de justice, elle ne doit pas moins être une des sources les plus ardentes et les plus éclairées du patriotisme. Or, ce sentiment vibre d'une façon tout énergique dans le livre du châtelain de

---

(1) Page 296.

Montataire. En racontant l'expédition de César chez les Bellovaques, M. le baron de Condé relève l'oubli injuste dans lequel est tombé le nom du vaillant chef gaulois *Correus* qui fut dans le Beauvaisis l'adversaire le plus redoutable des Romains. Son nom est à peine connu des jeunes générations, tandis que sa statue devrait s'élever sur nos places publiques, comme une protestation contre l'invasion étrangère, et comme un hommage au courage déployé par le soldat qui fut dans notre contrée l'émule de Vercingétorix.

On a trop appris aux hommes de notre temps à admirer César. Les leçons de l'histoire doivent être tout autres que d'enseigner le prestige dont se pare le vainqueur, sans juger les moyens qui l'ont conduit à la victoire. Le conquérant des Gaules retourna triomphant à Rome dans une auréole de gloire et de popularité, c'est vrai. Mais n'oublions point qu'il l'obtenait pour avoir massacré plus d'un million de Gaulois. C'est le chiffre de Plutarque, de Pline, de Suétone et des Commentaires eux-mêmes.

N'oublions point que César avait poursuivi pendant huit ans cette guerre inexorable contre une nation qui ne faisait après tout que défendre ses foyers ; qu'il s'était montré, quoi qu'on puisse dire, sans grandeur d'âme, sans bonne foi, sans pitié, brûlant les villes, massacrant les vaincus par vingt mille, par trente mille, par cent mille, il le raconte lui-même avec un horrible sang-froid ; passant les rivières et les marais sur les corps morts dont il les avait comblés ; suppliciant les chefs qui s'étaient soulevés pour l'indépendance, et faisant couper les deux mains aux rares soldats qu'il laissait vivants.

Napoléon Ier, cet autre César qui n'avait pas l'âme tendre, ne peut s'empêcher de dire : « Faire couper les mains aux soldats était bien atroce... Il fut cruel et souvent féroce contre les Gaulois... »

Le jour de son triomphe à Rome, César monta au Capitole, poussant devant son char les généraux vaincus, qu'il avait conservés en vie depuis six ans dans les cachots. Il leur fit alors couper la tête ; et leurs membres déchirés par des crocs de fer furent exposés des deux côtés des Gémonies. « Ami lecteur — « dit M. le baron de Condé — qui aurais-tu voulu être, de l'habile « vainqueur déifié au Capitole, ou du prisonnier traîné devant « lui et conduit au bourreau ? Connais-tu, dans l'humanité, quel- « que chose de plus grand que ce héros vaincu — Vercingétorix — « qui s'était livré pour sauver la vie des siens ? (1).

Plus loin, en racontant, dans la chronologie des seigneurs de Montataire, la bataille de Bouvines, où se trouvaient trois des La Tournelle, l'auteur a écrit encore ces lignes d'un patriotique enthousiasme : « Quelque hostile que l'on puisse être à la monarchie, on doit convenir que nos vieux rois n'étaient pas avares de leur sang sur les champs de bataille. Philippe Auguste est blessé à Bouvines. — Avant lui, on voit Louis VI blessé à Ivry en 1129, à Amiens en 1115. — Le roi Robert tué à la bataille de Soissons en 923. — Robert Le Fort blessé en 862, tué en 866. Après Bouvines, on trouve Philippe le Bel, blessé à Mons en Puelle en 1304. — Philippe de Valois, blessé deux fois à Crécy en 1346. — Jean le Bon, blessé deux fois aussi à la bataille de Poitiers en 1356. — François I, deux fois à la bataille de Pavie en 1525. — Henri IV blessé au combat d'Aumale en 1592. Soixante-neuf princes de la maison de France ont été tués ou blessés en combattant : quarante-deux descendants de Robert le Fort sont morts sur le champ de bataille.

---

(1) P. 61.

Le livre se termine, d'une façon aussi belle que rare, sur une page remplie d'émotion.

Le château de Montataire était passé en 1756, des mains des Madaillan de Lesparre, dans celles des Lorbehaye.

L'héritier de ceux-ci devint seigneur de Montataire « à l'époque orageuse où les privilèges nobiliaires allaient être violemment emportés par la tempête. » Son existence fut traversée de mille embarras. Par suite des événements et d'affaires mal entendues, il était devenu relativement pauvre et ne pouvait plus suffire aux dépenses nécessaires pour soutenir l'état de sa maison. Il avait fini par vivre seul et presque ermite. Il n'habitait plus qu'un coin du château et avait installé sa cuisine en un des salons déserts qui avoisinaient la chambre où il s'était réfugié. Les toits ne tenaient plus ensemble, l'eau commençait à pénétrer à travers les ardoises raréfiées.

Ici se place une charmante anecdote relative à la visite de la duchesse d'Angoulême à Montataire en 1827, il faut la lire *in-extenso* dans l'ouvrage.

Lorsque M. de Condé eut restauré Montataire, il songea au vieux M. de Lorbehaye, âgé alors de plus de 80 ans, qui achevait de mener une existence de plus en plus retirée dans le village de Cires-lès-Mello. Il l'invita à venir au château non seulement pour visiter ce lieu pour lui si plein de souvenirs, mais pour s'y reposer et y demeurer autant que cela pourrait lui être agréable.

« Il vint. Ce n'était pas un poète que M. de Lorbehaye, c'était tout au contraire un homme très positif, un peu raide, énergique en sa jeunesse, mais fatigué de la lutte de la vie, desséché par l'aridité des chemins suivis, resté en général sans ressort, sans élan, sans enthousiasme. »

« Toutefois il se montra satisfait et même un peu ému : « J'ai quelquefois rêvé — dit-il — au temps bien éloigné où je faisais encore des songes heureux, j'ai quelquefois rêvé follement que je verrais revivre mon pauvre Montataire... Jamais, jamais mes rêves n'ont été jusqu'à ce que j'ai la joie de voir aujourd'hui. »

« Quand nous arrivâmes au cabinet des archives et qu'il aperçut, suspendus entre les antiques arceaux en ogive, les écussons des anciens seigneurs du lieu; quand il vit à la suite des premiers sires de Montataire, puis des Madaillan de Lesparre, les armoiries de sa propre famille : *les merlettes de Lorbehaye*, il s'arrêta, véritablement remué, restant quelque temps sans parole, détournant la tête, cherchant à réfréner une larme qui menaçait de descendre sur ses joues amaigries. Lorsqu'il y fut à peu près parvenu, il se retourna vers moi, me prit la main et la serra sans mot dire. »

---

Le livre du château de Montataire mérite, Messieurs, une place distinguée parmi les monographies du même genre. Il honore l'histoire par la conscience et l'impartialité. Il la fait admirer en plaçant sous leur jour les plus nobles sentiments de l'humanité : la vertu et le courage. Il fait mieux encore, il s'adresse au cœur en même temps qu'à l'esprit, il captive et il émeut.

S'il est beau d'honorer l'histoire, s'il est plus beau de la faire admirer, il faut accorder à l'écrivain qui sait la faire aimer les éloges les plus sincères.

Amiens. — Imprimerie A. DOUILLET et Cᵉ, rue du Logis-du-Roi,

www.ingramcontent.com/pod-product-compliance
Lightning Source LLC
Chambersburg PA
CBHW060452050426
42451CB00014B/3283